BEI GRIN MACHT SICH WISSEN BEZAHLT

Bibliografische Information der Deutschen Nationalbibliothek:

Die Deutsche Bibliothek verzeichnet diese Publikation in der Deutschen National-
bibliografie; detaillierte bibliografische Daten sind im Internet über http://dnb.d-
nb.de/ abrufbar.

Impressum:

Copyright © 2019 GRIN Verlag
Druck und Bindung: Books on Demand GmbH, Norderstedt Germany
ISBN: 9783346016805

Anonym

Was bedeutet Heimat? Die Heimatsuche in "weiter leben. Eine Jugend" von Ruth Klüger

GRIN Verlag

GRIN - Your knowledge has value

Der GRIN Verlag publiziert seit 1998 wissenschaftliche Arbeiten von Studenten, Hochschullehrern und anderen Akademikern als eBook und gedrucktes Buch. Die Verlagswebsite www.grin.com ist die ideale Plattform zur Veröffentlichung von Hausarbeiten, Abschlussarbeiten, wissenschaftlichen Aufsätzen, Dissertationen und Fachbüchern.

Besuchen Sie uns im Internet:

http://www.grin.com/

http://www.facebook.com/grincom

http://www.twitter.com/grin_com

Universität Bielefeld

Fakultät für Linguistik und Literaturwissenschaft

Ruth Klügers Heimatsuche in „weiter leben"

Inhaltsverzeichnis

1. Einleitung

„Man weiß nicht, was man an der Heimat hat, bis man in die Ferne kommt." Aus diesem deutschen Sprichwort lässt sich die hohe Bedeutung des Begriffs Heimat ableiten. Aber was genau bedeutet eigentlich Heimat? Für den einen ist es ein Ort, an dem man geboren und aufgewachsen ist, für den anderen spielt die geographische Lage keine Rolle, weil sie mit dem Begriff ein Gefühl von Freiheit assoziieren. Andere wiederum verbinden damit eine gewisse Sicherheit, die Benutzung ihrer Sprache und eine Kultur, in der sie sich wohlfühlen.

Insbesondere in der Literatur des letzten Jahrhunderts wird der Heimatbegriff oft thematisiert. Dabei richtet sich der Fokus sowohl auf die Heimat selbst, als auch auf die Heimatlosigkeit. Im Rahmen meines Seminars „Fiktionalität und Faktizität in Literatur und Film über die NS-Zeit" möchte ich mich mit der Autobiographie „weiter leben. Eine Jugend"[1] von Ruth Klüger befassen und herausarbeiten, ob und inwiefern die Autorin das Gefühl von Heimat in ihrem Leben erfahren durfte. Die Untersuchung der Biographie Ruth Klügers im Bezug auf die Heimatfrage ist besonders spannend, da sich die Lebensumstände der gebürtigen Österreicherin oft stark veränderten.

Wie eingangs angedeutet, gibt es keine klare Definition des Heimatbegriffs. Bevor der zu untersuchten Frage nachgegangen wird, wird zunächst ein Überblick der verschiedenen Definitionen des Begriffs gegeben. Dabei wird der Begriff in drei Konstituente klassifiziert, die jeweils Bestandteile für Heimat sein können: Orte, Gemeinschaften und Sprache. Aufbauend auf den theoretischen Grundlagen, werden verschiedene Stationen und einzelne Textstellen in der Autobiographie Ruth Klügers untersucht, um herauszuarbeiten, welche unterschiedlichen Möglichkeiten in ihrem Leben ein Heimatgefühl hervorrufen.

---

1 Klüger, Ruth. weiter leben. Eine Jugend. 15. Auflage. München, 2005.

2. Begriffsbestimmung: Heimat

Wie schon in der Einleitung erwähnt, gibt es keinen einheitlich konkreten Heimatbegriff. Vielmehr weist die Definition verschiedenste Aspekte auf, die durch Emotionalität und unterschiedlichste subjektive Wahrnehmungen begründet sind. Es können zahlreiche Dinge Einfluss auf das persönliche Heimatgefühl nehmen. Greverus beschreibt den Begriff folgendermaßen:

> „Heimat als Objekt der Betrachtung läßt sich nicht aus sich heraus erklären, sondern nur durch die Zuhilfenahme von Bezugskategorien, durch die Heimat gewissermaßen erst erfahren wird, durch die der Begriff Heimat seine reale Füllung erhält."[2]

Die Beziehungsgefüge seien zu vielsträngig: „Sprache als Heimat, Tradition als Heimat, Familie, Gemeinde als Heimat, Landschaft als Heimat".[3] Eine allgemeinere Definition lässt sich in der Brockhaus-Enzyklopädie finden, dort heißt es:

> „Heimat, subjektiv von einzelnen Menschen oder kollektiv von Gruppen, Stämmen, Völkern, Nationen erlebte territoriale Einheit, zu der ein Gefühl besonders enger Verbundenheit besteht. Im allgemeinen Sprachgebrauch ist [Heimat] zunächst auf den Ort bezogen."[4]

Diese allgemeinere Definition von Heimat weist Merkmale auf, die in zahlreichen Definitionen des Begriffs enthalten sind. Häufig ist der Herkunftsort und das Gefühl des Wohlfühlens von großer Bedeutung.

Handschuh hat die Definition des Begriffs in verschiedene Kategorien eingeteilt. Er unterscheidet zwischen räumliche, zeitliche, soziale und kulturelle Dimension. Jedoch sind die einzelnen Kategorien nicht immer klar von einander trennbar – im Gegenteil – sie sind oft miteinander verbunden.[5] Da Bastian eine für mich übersichtlichere Definition ausgearbeitet hat, beziehe ich mich insbesondere auf ihre Ausführungen. Sie unterteilt den Begriff nach „Orte als Heimat", „Gemeinschaften als Heimat" und „Sprache als Heimat".[6]

---

2   Greverus, Ina-Maria. Der territoriale Mensch. Ein literaturanthropologischer Versuch zum Heimatphänomen. Frankfurt/Main, 1972. S. 31.
3   Ebd.
4   Heimat. In: Der Brockhaus in fünfzehn Bänden. 2., durchgeles. und aktual. Auflage. Band 6. Mannheim, 2002. S. 161.
5   Vgl. Handschuh, Gerhard. Brauchtum – Zwischen Veränderung und Tradition. In: Bundeszentrale für politische Bildung (Hrsg): Heimat. Bonn, 1990. S. 635.
6   Vgl. Bastian, Andrea. Der Heimat-Begriff. Eine begriffsgeschichtliche Untersuchung in verschiedenen Funktionsbereichen der deutschen Sprache. Tübingen, 1995. S. 40.

2.1. Orte als Heimat

Die Definition von Heimat als räumliche Dimension bzw. als Herkunftsort ist die wohl mit am meist verbreitetste Dimension, und zumindest gleichbedeutend mit der sozialen Kategorie. Heimat sei nicht ein geographischer Raum an sich, sondern eine Verbundenheit, die sich auch noch aus der Ferne und in späterer Zeit des Lebens, meist auf Grund von Jugenderlebnissen, im Gemüt des Menschen fühlbar macht.[7] Dabei ist es wichtig zu erwähnen, dass mit Heimat als Ort nicht nur der Wohnort und die Landschaft gemeint ist, in dem / in der man aufgewachsen ist, sondern mehrere Faktoren davon abhängen.

Dazu führt Bastian menschliche Beziehungen, vertraute Gewohnheiten, Gebräuche und Sitten und feste Ordnungen an, die den Herkunftsort als Heimat ausmachen.[8] Einen weiteren entscheidenden Faktor führt Améry insofern an, als dass sie dem „Ort als Heimat" den Sicherheitsfaktor zuschreibt. Nach ihrer Auffassung brauche man den Heimatort als Rückzugsmöglichkeit, in dem man sich zurückziehen kann.[9] Da das Gefühl des Heimatortes eng mit dem sozialen Umfeld verknüpft ist, liegen diese beiden Kategorien eng beieinander bzw. sind teilweise miteinander verbunden. Weil sie jedoch auch Unterschiede aufweisen, lassen sie sich getrennt von einander erläutern.

2.2. Gemeinschaften als Heimat

In dieser Definition von Heimat verknüpft Bastian Sitten und Werte, die zum Heimatgefühl beitragen, mit der Tradition. Letzteres gebe Sicherheit im Verhalten, indem sie bestimmte überlieferte Verhaltensmuster bereitstelle. Tradition sei ein wichtiger Faktor für die Zusammengehörigkeit von Menschen, da sie dadurch das Gefühl von Einigkeit erfahren.[10]

> „Unter Heimat versteht man in der Regel die Gesamtheit der durch Traditionen und spezifische Lebensbedingungen geprägten Erfahrungen der Kindheit und Jugend [...], in der der Mensch zur Persönlichkeit heranwächst und seine ersten entscheidenden sozialen Beziehungen und Bindungen anknüpft."[11]

---

7 Vgl. Ebd.
8 Vgl. Ebd.
9 Vgl. Améry, Jean. Wieviel Heimat braucht der Mensch? In: Améry, Jean: Jenseits von Schuld und Sühne. Bewältigungsversuche eines Überwältigten. 2. Auflage. Stuttgart, 1980. S. 83.
10 Vgl. Ebd.
11 Ebd. S. 41.

Greverus bringt eine weitere Komponente ein, indem sie den sozio-kulturellen Raum als Merkmal für das Heimatgefühl beschreibt, der den Menschen Sicherheit bietet.[12] Heimat sei Sicherheit im Sinne von Vertrauen in den Verhaltensregeln innerhalb einer Gemeinschaft. Sobald das Gefühl von Unsicherheit auftritt und der damit verbundene Verlust von Vertrauen innerhalb einer Gemeinschaft, folgt logischerweise der Verlust des Heimatgefühls.[13] Dies würde dazu führen, dass man in „Ordnungslosigkeit, Verstörung, Zerfahrenheit"[14] zerfällt.

Abschließend zu dieser Kategorie lässt sich sagen, dass der Heimatbegriff sich durch eine gesicherte Identität innerhalb einer Gemeinschaft definiert lässt und das soziale Umfeld wie, Familie und Freunde, eine entscheidende Rolle spielt.[15]

2.3. Sprache als Heimat

Eine weitere wichtige Konstituente für das Heimatgefühl ist die erste erlernte Sprache, mit der man aufwächst, sprich die eigene Muttersprache. Stern meint, dass „mit der ersten sprachlichen Kontaktaufnahme [...] sich dem einzelnen auch das erste Stück Heimat [erschließt]"[16].

Sprache als Heimat ist anfangs eng mit der Konstituente Gemeinschaft verknüpft, da das Erlernen der eigenen Muttersprache eine Gemeinschaft voraussetzt, die diese Sprache vermittelt. Zu der gehören sowohl Familie, als auch Freunde, Bekannte und weitere Mitglieder des sozialen Umfelds. Stark bezeichnet die sozialen Kontakte, mit denen gesprochen wird, als „Heimat".[17] Sobald der Prozess des Erlernens der eigenen Muttersprache vollendet ist, stellt Sprache im Gegensatz zu den Konstituenten Gemeinschaften und Orte eine auf sich allein gestellte Konstituente dar. Denn dann wird „die Sprache selbst [...] zur Heimat"[18]. Das heißt, dass Sprache weder an Orte noch an Dinge gebunden ist. Während Améry die Sprache als „mobile Heimat"[19] bezeichnet, beschreibt Domin sie als das „Unverlierbare, nachdem alles andere sich als verlierbar erwiesen hatte. Das letzte, unabnehmbare Zuhause."[20]

---

12 Vgl. Greverus. Sehnsucht nach Heimat. S. 256.
13 Vgl. Améry. Heimat. S. 83f.
14 Ebd.
15 Vgl. Bastian. Heimat-Begriff. S. 41.
16 Stern, Heiko. Sprache zwischen Exil und Identität. S. 87.
17 Vgl. Ebd.
18 Ebd. S. 88.
19 Améry. Heimat. S. 79.
20 Domin, Hilde. Gesammelte Essays. Heimat in der Sprache. München, 1992. S. 14.

3. Untersuchung des Heimatgefühls in „weiter leben"

Bei der Lektüre von „weiter leben. Eine Jugend" von Ruth Klüger stellt sich die Frage, ob die Autorin in ihrem Leben, geprägt durch drastische Veränderungen der Lebensumstände, Heimatgefühle erfahren durfte. Durch Einbezugnahme der obigen drei erläuterten Konstituenten wird der Frage nachgegangen. Dabei werden verschiedene Orte, in denen Klüger sowohl freiwillig als auch gezwungenermaßen gelebt hat, sowie Gemeinschaften und Sprachen in Betracht gezogen. Wie schon bereits erwähnt, können die drei Konstituenten nicht immer von einander getrennt werden, weshalb gerade bei den Orten die sozialen Kontakte mit einbezogen werden, da sie für eine gewisse Prägung der Lebensräume verantwortlich sind. Um Wiederholungen zu vermeiden, werden in dem Kapitel „Gemeinschaften als Heimat" nur diejenigen Menschen in Betracht gezogen, die unabhängig von den Orten im Leben Ruth Klügers eine Rolle gespielt haben.

3.1. Orte

3.1.1. Österreich

Das erste Kapitel in Ruth Klügers „weiter leben. Eine Jugend" benennt Ruth Klüger nach der österreichischen Stadt „Wien", wo sie geboren und ihre ersten elf Lebensjahre verbringt. Bezieht man sich nur auf die Definition von Bastian, nach der der Herkunftsort, mit all seinen Faktoren wie menschliche Beziehungen, vertraute Gewohnheiten, Gebräuche und Sitten und feste Ordnungen[21], die Heimat ist, lässt sich die heutige Hauptstadt als Klügers Heimatort bezeichnen.

Wien sieht sie nämlich als einen Ort, wo sie aufgewachsen ist und weshalb auch sie da hingehört. Ihre Verbundenheit zu der Stadt bringt sie rückblickend metaphorisch auf den Punkt: „Wien ist die Stadt, aus der mir die Flucht nicht gelang"[22]. Dennoch darf die Definition von Améry bei der Beurteilung nach dem Heimatort nicht vernachlässigt werden, wenn sie sagt, dass mit ihm ein Sicherheitsgefühl einhergeht. In Wien erlebt Ruth Klüger nämlich alles andere als ein Gefühl von Sicherheit – im Gegenteil – während des Aufenthalts in Wien erfährt sie und ihr soziales Umfeld Antisemitismus und die damit verbundene nationalsozialistische Verfolgung und Ausgrenzung:

21 Vgl. Kapitel 2.1.
22 Klüger. weiter leben. S. 19.

„Ich gab vor, nicht schlafen zu können, bettelte, daß man mich auf dem Sofa im Wohnzimmer [...] einschlafen ließe, schlief dann natürlich nicht ein, hatte den Kopf unter der Decke und hoffte, etwas von den Schreckennachrichten aufzufangen, die man am Tisch zum besten gab. Manche handelten von Unbekannten, manche von Verwandten, immer von Juden."[23]

Durch die negativen Erfahrungen, die Klüger in Wien macht, ordnet sie der Stadt zahlreiche Eigenschaften zu, die sie in ihrer Autobiographie beschreibt. Zum einen bezeichnet sie ihren Herkunftsort als „Feindesland"[24]. Zum anderen sagt sie darüber, sie sei im Haus des Henkers geboren[25], in dem sie „versponnen, abgeschottet, verklemmt und vielleicht auch unansprechbar geworden war"[26]. Immer wieder erläutert sie in zahlreichen Textstellen ihre in der Stadt erlebten negativen Erlebnisse, auf die aber aufgrund des begrenzten Rahmens nicht weiter eingegangen wird. Zusammenfassend lässt sich über die Station Österreich sagen, dass Klüger es ein vertrautes Land ansieht, in dem sie jedoch nicht willkommen ist und dadurch kein Gefühl von Sicherheit erlebt.[27] Deshalb kann Österreich bzw. Wien nicht als Heimatort angesehen werden, da das Argument des Aufwachsens aufgrund der zahlreichen negativen Erlebnisse nicht ausreicht.

3.1.2. Die Lager

Im Alter von elf Jahren wird die junge Ruth Klüger mit ihrer Mutter ins Konzentrationslager gebracht, wo sie zunächst in Theresienstadt untergebracht werden. Klügers Meinung über Theresienstadt ist differenziert zu betrachten. Während des Aufenthalts schreibt sie dem Lager auch durchaus positive Erfahrungen zu. Da habe sich eine Gemeinschaft entwickelt, auf die sie stolz sei.[28] Trotz der Gräueltaten habe sie sich in Theresienstadt zu einem sozialen Wesen entwickelt, das da das meiste gelernt habe, was sie bis dahin über das soziales Verhalten wusste.[29] Die starke Bindung, die sie zu Theresienstadt entwickelt, begründet sie unter anderem mit einem Vergleich zu ihrem vorherigen Wohnort

23 Ebd. S. 7.
24 Ebd. S. 16.
25 Vgl. Ebd. S. 23.
26 Ebd. S. 103.
27 Vgl. Ebd. S. 48.
28 Vgl. Ebd. S. 91.
29 Vgl. Ebd. S. 103.

Wien: „ein besseres Milieu für ein Kind als im Wien der letzten Zeit."[30] Rückblickend auf die Zeit in Theresienstadt ändert sich Klügers Ansicht. Für sie sei es zwar ein Ort mit einem Gemeinschaftsgefühl, jedoch beschreibt sie die Gefangenen mit Abneigung:

„Mir graute vor diesen Menschen, die doch meine Leute waren, sie waren es plötzlich nicht mehr, sie stießen mich ab."[31] Zudem sagt sie, sie schäme sich über die Gemeinsamkeit mit diesen Menschen.[32] Im Gegensatz zu Theresienstadt hat Klüger nichts Positives für das Lager Ausschwitz-Birkenau übrig. Sie beschreibt den Ort als „nur ein gräßlicher Zufall" und „so wesensfremd wie der Mond". Außerdem hält sie das Lager für den abwegigste[n] Ort [...], den [...] [sie] je betrat".[33] Darüber hinaus verdrängt sie ihre Zeit in Auschwitz, indem sie sagt: „ich komm nicht von Auschwitz her, ich stamm aus Wien."[34] Auch über die Lager Birkenstadt und Christianstadt hat sie wenig Erfreuliches zu berichten. Ersteres sei geprägt von Appell, Durst und Todesangst: „Das war alles, das war es schon."[35]

Einzig allein das Konzentrationslager in Theresienstadt kommt bei der Untersuchung nach einem Heimatsgefühl in Frage, da die restlichen Lager keinerlei Elemente einer Heimat vorzuweisen haben. In Theresienstadt hat sie zumindest das soziale Miteinander geprägt, worauf man auf ein Heimatgefühl schließen könnte. Jedoch bleibt dieses Gefühl nur kurzfristig während des Aufenthalts bestehen, weshalb die von Bastian angesproche Verbundenheit zum Heimatgefühl, die auch noch aus der Ferne und in späterer Zeit des Lebens bleibt, nicht vorhanden ist – im Gegenteil – später wandeln sich ihre anfangs positiven Erfahrungen in Scham und Abneigung gegenüber den Mithäftlingen. Somit lässt sich schlussfolgernd sagen, dass keines der Lager ein Heimatgefühl in Klüger entfacht.

3.1.3 Deutschland

Nach der Zeit in den Konzentrationslagern verbringt Ruth Klüger zweieinhalb Jahre mit ihrer Mutter in Bayern, bevor sie nach Amerika auswandern. Klügers

---

30 Ebd. S. 86.
31 Ebd. S. 166.
32 Vgl. Ebd. S. 104.
33 Ebd. S. 139.
34 Ebd.
35 Ebd.

Meinung zu Deutschland ist gespalten, weshalb im Folgenden sowohl Vor- als auch Nachteile vorgestellt und erläutert werden. Abgesehen von den Konzentrationslagern beschreibt Klüger die deutsche Zeit in „Freiheit" als „ein[en] leise[n] Schwindel, eine kaum wahrnehmbare Übelkeit, ein[en] Anflug von Kopfschmerz"[36]. Diese Aussage lässt sich auf ihre schlechten Erfahrungen zurückführen, die sie in Deutschland erlebt hat. Immerhin ist es dieses Land, das für die zahlreichen Gräueltaten verantwortlich ist, die Minderheiten wie Klüger und die Juden erfahren haben. Deshalb ist es de facto nicht möglich, eine andere Auffassung gegenüber dieses Land zu haben. Des Weiteren bezeichnet Klüger, die nach dem Amerika- Aufenthalt wieder nach Deutschland zurückkehrt und dort lebt, als eine „verschwendete Lebenszeit".[37]

Unmittelbar nach der Flucht aus dem Konzentrationslager ist Krüger voller Freude, weshalb sie ein großes Glück verspürt:

> „Weg von dem tödlichen Marsch, von den vielen Menschen, von der ständigen Bedrohung. Die Luft, roch anders, frühlingshafter, jetzt, da wir sie für uns allein hatten [...]. Vielleicht habe ich die Angst vergessen. [...] man denkt, dass man fliegt. Es war ein Wohlgefühl, als sei endlich das eingetroffen, worauf ich, seit ich denken konnte, gewartet hatte."[38]

Jedoch haben sich die positiven Beschreibungen gegenüber Deutschland nicht konstant gehalten. Das „prickelnde Gefühl"[39] der Freiheit mit der Aussicht auf ein freies Leben in Deutschland mit einem Recht auf Selbstbestimmung hält nicht lange. Auch im Gespräch mit Christoph, einem deutschen Freund, wird der immer noch anhaltende Judenhass deutlich.[40] Klüger fühlt sich aufgrund des präsenten Fremdenhasses nicht willkommen, weshalb sie später nach Amerika auswandert.[41] Trotz der Gräueltaten und des Fremdenhasses der Deutschen verspürt Klüger ein Verbundenheitsgefühl gegenüber Deutschland, dem sie auch positive Beschreibungen zuordnet. Ein Land, „sich neu zu konstituieren, sich nicht von anderen bestimmen [zu lassen]"[42]. Klüger führt aus, „unbeabsichtigt und ungewollt eine zunehmende Verbundenheit mit Deutschland, deutscher Sprache,

---

36 Ebd. S. 89.
37 Ebd. S. 221.
38 Ebd. S. 170.
39 Ebd. S. 169.
40 Vgl. Ebd. S. 216.
41 Vgl. Ebd. S. 223.
42 Ebd. S. 169.

deutschen Büchern, auch mit deutschen Menschen"[43] aufgebaut zu haben. Adelson bezieht sich auf die von Klüger beschriebene Verbundenheit und relativiert: „Dieses Deutsch-Sein [...] berührt, aber sollte nicht gleichgesetzt werden mit konventionellen Fragen nach nationaler Identität."[44]

Im Großen und Ganzen lässt sich aus der Autobiographie auch zu Deutschland kein Heimatgefühl entnehmen. Es sind zu viele schreckliche Erfahrungen, die sie in dem Land erlebt hat, als dass sie dieses für alles verantwortliche Land als eine Heimat ansieht. Das Argument von Bastian, nach dem Verbundenheit ein Merkmal einer Heimat ist, reicht nicht aus, da er dem von Améry angesprochenen Sicherheitsfaktor gegenübersteht.

3.1.4. Amerika

Im Alter von 16 Jahren wandert Klüger mit ihrer Mutter nach Amerika aus, wo die erste Station New York ist. Zunächst hat sie Schwierigkeiten, sich einzuleben: „die Kleider, die Schuhe, die Manieren der neuen Gesellschaft"[45] seien ungewöhnlich. Auch beschreibt sie das Leben in New York mit „zähnebleckend"[46] und „Gleichgültigkeit".[47] Dennoch bleibt die „großzügige"[48] Weltmetropole in Klügers Erinnerung, sodass sie in die Stadt zurückkehrt und darüber sagt: „und das Gewesene schmiegt sich mir an die Waden wie eine Katze, die mir einmal gehörte, in einem Haus, wo ich einmal wohnte."[49] Gründe für die Erinnerungen an die Stadt sind unter anderem ihre Freundschaften zu Anneliese, Simone und Marge: „Sie nahmen mich wahr und ließen mich sein, wie ich war. (Bei denen bleib ich)."[50] Später zieht Klüger nach Kalifornien, die Stadt, die ihr „die törichte, tragische Aufgabe gestellt [hat], die Vergangenheit abzuschaffen, indem man sie abstreitet"[51]. Zudem bezeichnet sie Kalifornien als ein „zu Hause"[52], woraus aber nicht entnommen werden darf, dass sie es als Heimat ansieht.

Denn sie sagt:

43 Ebd. S. 204f.
44 Adelson, Leslie. Ränderberichtigung: Ruth Klüger und Botho Strauß. In: Mayer-Iswandy (Hrsg.): Zwischen Traum und Trauma - Die Nation. Transatlantische Perspektiven zur Geschichte eines Problems. Tübingen, 1994. S. 96.
45 Klüger. weiter leben. S. 233.
46 Ebd.
47 Ebd. S. 261.
48 Ebd.
49 Ebd.
50 Ebd. S. 249.
51 Ebd. S. 281.
52 Ebd. S. 280.

„'Heimat' ist, anders als zu Hause, subjektiv, psychologisch, wenn Sie so wollen, geistig. Staatsbürgerschaft und Wohnort sind objektiv, von der Gesellschaft genehmigt, man zeigt sie vor, wenn nötig. Ein Heimatgefühl hingegen läßt sich nicht an- und abmelden."[53]

Auch Amerika ist, im Gegensatz zu den vorherigen Stationen Österreich und Deutschland, nicht von Jugenderlebnissen geprägt, weshalb ein Heimatgefühl nach der Definition von Bastian nicht in Frage kommt. Einzelne Elemente von einem Heimatgefühl hat Amerika dennoch zu bieten: Die Sicherheit, die sie in Amerika genießt, und das Wohlbefinden aufgrund der verknüpften Freundschaften. Aber daraus zu schließen, dass Amerika für sie eine Heimat ist, ist nicht aussagekräftig, da sie es zum Teil selbst entkräftet.

3.2. Gemeinschaften

Gemeinschaften bilden eine weitere Konstituente für das Heimatgefühl. In Anbetracht von Ruth Klügers Leben geraten vor allem ihre Familie und die Juden als Gemeinschaften in den Vordergrund, da sie ihr Leben konstant von Anfang bis heute begleiten. Andere soziale Kontakte, wie beispielsweise bestimmte Freunde, werden in dieser Untersuchung außer Acht gelassen, da der Kontakt zu ihnen nur von vorübergehender Dauer ist.

3.2.1.Familie

Die Familie von Ruth Klüger geht bereits zur frühen Zeit ihrer Kindheit in die Brüche, weshalb sie sagt, sie sei: „nie eingebettet in eine [...] Großfamilie; sie zersplitterte, als [sie] im Begriff war, sie kennenzulernen"[54]. Die Gründe für die Zersplitterung sind die frühen Verluste der Familienmitglieder, worauf im Folgenden Bezug genommen wird. Neben den Verlusten zahlreicher Verwandten, sind es vor allem der Bruder und der Vater, die einen entscheidenden Faktor für sie spielen. Durch die Tatsache, dass der große Bruder nach einer Reise nicht heimkommt und, wie Klüger später erfährt, getötet wird, verliert sie „nicht nur einen geliebten Verwandten, sondern auch eine Rolle: kleine Schwester."[55]

Auch zu dem Vater hat Klüger eine starke Bindung, weshalb der Tod in ihr tiefste

---

53 Klüger, Ruth. Wiener Neurosen. Eine Rede. In: Krätzer, Jürgen (Hrsg.): Erfahrung Deutschland / SchreibArten & LebensGeschichten. Die Horen 201 (2001). S. 27.
54 Klüger. weiter leben. S. 12.
55 Ebd. S. 23.

Trauer auslöst. Später beschreibt Klüger ihren Vater als: „mit absoluter und doch falscher Autorität, ein Tyrann von wunderbarer Leuchtkraft [...] und letzte Instanz in allen Fragen."[56] Dadurch schlussfolgert Klüger später eine immer rissiger werdende Familienbande[57], die einen hohen Grad an Leid in ihr auslöst. Zu ihrer Mutter hat sie ein schwieriges Verhältnis, da es immer wieder zu Streitigkeiten und Diskrepanzen kommt.

Zudem kritisiert sie die ihrer meiner Meinung nach falsche Erziehung ihrer Mutter, die sie zur Abhängigkeit erzogen und sie nicht als Tochter, sondern als Eigentum wahrgenommen habe.[58] Auch sagt sie über ihre Mutter, sie habe sie in den ersten Jahren nur von fern gekannt.[59] und dadurch keine Bindung einer Mutter-Kind-Beziehung aufbauen können. Dennoch relativiert sie die Kritik gegenüber ihrer Mutter, da sie selbst entwurzelt und vereinsamt ist, deren Mann „auf der Flucht, der Sohn in Prag, die Schwester mit Familie in Ungarn, der Freundes- und Verwandtenkreis ausgewandert [...] oder verschickt."[60]

Bastian definiert die Gemeinschaft als Heimatgefühl insofern, als dass sie Traditionen, Sitte und Werte miteinander verknüpft, die dazu führen, dass eine gewisse Sicherheit entsteht und dadurch ein Gefühl von Einigkeit innerhalb einer Gemeinschaft erzeugt wird. Aufgrund der Verluste ihres Vaters und Bruders verliert die junge Klüger früh in ihrer Entwicklung zwei wichtige Bezugspersonen. Das Gefühl einer vereinten intakten Familie geht dadurch verloren und die von Bastian angesprochene Sicherheit ist nicht mehr gegeben. Auch die schwierige Beziehung zu ihrer Mutter führt zu einer Art Verstörung und Zerfahrenheit, sodass eine hohe vertrauliche Bindung ausbleibt. Aus den zahlreichen Rückschlägen, die Klüger erlebt, und aus ihrer „Gleichgültigkeit für familiäre Beziehungen"[61] kann schlussgefolgert werden kann, dass die Familie Ruth Klüger keine Heimat bieten kann.

3.2.2. Die Juden

Die zweite angesprochene Gemeinschaft, die Ruth Klüger prägt, bilden die Juden. Aufgrund der ständigen Ausgrenzungen in Österreich und in Deutschland findet

---

56 Ebd.
57 Vgl. Ebd. S 56.
58 Vgl. Ebd. 60.
59 Vgl. Ebd. 57.
60 Ebd. S. 64f.
61 Ebd. S. 12.

Klüger in der Gemeinschaft der Juden einen Halt („jüdisch in Abwehr"[62]). Durch gemeinsame Erfahrungen findet sie eine Gruppe mit Gleichgesinnten, mit denen sie sich identifizieren kann. Jedoch kam es aufgrund der unterschiedlichen Geschlechterrollen im Judentum immer wieder zu Rückschlägen für Ruth Klüger. Frauen werden nämlich hin und wieder benachteiligt.

Den Männern wird beispielsweise am Pessach-Fest eine höhere Bedeutung zugesprochen, während die Frauen hauptsächlich Haus- und Küchenarbeiten verrichten dürfen. Als Klüger eines der Rituale am Abend vorlesen möchte, wird sie enttäuscht, da ihr männlicher Verwandter den Vorzug erhält.[63] Zudem wird es ihr untersagt, eine Trauerzeremonie für ihren verstorbenen Vater zu organisieren, da diese Art Zeremonie nur den Männern zusteht.[64] Gäbe es diese Ausgrenzungen nicht, so Klüger, dann könnte sie es sich vorstellen, sich „eventuell mit dieser Religion an[zu]freunden, die die Gottesliebe ihrer Töchter zur Hilfsfunktion der Männer erniedrigt und ihre geistlichen Bedürfnisse im Häuslichen eindämmt."[65] Doch die Benachteiligung der Frauen im Judentum führt dazu, dass das Wenige Angebot der jüdischen Glaubensbekenntnisse, das Klüger erhält, „ abbröckelt[...], bevor es gefestigt"[66]ist.

Deshalb kann schlussgefolgert werden, dass das Judentum, ähnlich wie Österreich und Deutschland, dazu beiträgt, dass Klüger Benachteiligungen erfährt, weshalb ein eindeutiges Heimatgefühl in dieser Religion fern bleibt. Zum Judentum fühlt sie sich dennoch zugehörig. Es sind vielmehr das Volk und die sozialen Beziehungen, als die Religiosität selbst, die Klüger ein Zusammengehörigkeitsgefühl im Judentum verschaffen. Zudem bewundert Klüger die jüdischen Menschen im KZ dahingehend, als dass sie „diese Fläche von weniger als einem Quadratkilometer tschechischer Erde mit ihren Stimmen, ihrem Intellekt, ihrer Freude am Dialog, am Spiel, am Witz"[67] zu nutzen wissen. Im Konzentrationslager Theresienstadt fühlt sie sich außerdem, wie Witte sagt, „zum ersten Mal [...] in einer Gemeinschaft Gleichgesinnter aufgenommen"[68].

---

62 Ebd. S. 41.
63 Vgl. Ebd. S. 44.
64 Vgl. S. 25.
65 Ebd.
66 Ebd. S. 46.
67 Ebd. S. 103.
68 Witte, Bernd. Jüdische und deutsche Nicht-Identität? Zu Ruth Klügers weiter leben. In: Jäger, Ludwig (Hrsg.): Germanistik: disziplinäre Identität und kulturelle Leistung. Vorträge des deutschen Germanistenpreises 1994. Weinheim, 1995. S. 347.

Das Judentum als mögliche Heimat für Klüger kann nur unter der Berücksichtigung des Gemeinschaftsgefühls akzeptiert werden. Jedoch spielen mehrere Komponente eine Rolle, wenn es darum geht, das Heimatgefühl zu definieren. In der Tradition des Judentums fühlt Klüger aufgrund der Benachteiligungen weder Einigkeit noch Sicherheit, zwei wichtige Faktoren des Heimatgefühls.

3.3. Sprache

Der englischen Sprache, die Ruth Klüger im Amerika lernt, wird in dieser Untersuchung keine allzu hohe Bedeutung beigemessen, da nur die erst erlernte Sprache, sprich die eigene Muttersprache, eine Konstituente für ein Heimatgefühl darstellt. Deshalb wird im Folgenden nur die deutsche Sprache berücksichtigt. Ruth Klügers Muttersprache ist deutsch. Bis zu ihrem sechzehnten Lebensjahr ist sie ausschließlich von deutschsprachigen Menschen umgeben. Unter Berücksichtigung der Ansicht von Stark, können ihre in ihrem Umfeld lebenden sozialen Kontakte als Heimat bezeichnet werden.

Die emotionale Bindung zu ihrer Muttersprache und das damit verbundene Heimatgefühl ist nicht abzustreiten, denn sie selbst sagt darüber: „es [war] eben eine deutsche Kindheit [...]. Daraus entsteht ein gewisses, wenn auch begrenztes Heimatgefühl."[69] Außerdem ist deutsch nicht nur die Sprache, mit der sie aufgewächst. Es ist auch die Sprache, die sie in der Literatur verwendet.[70] Schon in ihrer frühen Kindheit verfasst sie vorwiegend Gedichte und Liedtexte zur Verarbeitung ihrer Erlebnisse.[71] Für sie sind Gedichte eine Art Rückzugsmöglichkeit, die ihr einen Halt bieten:

> „Kindergedichte, die in ihrer Regelmäßigkeit ein Gegengewicht zum Chaosstiften [stellen], ein poetischer und therapeutischer Versuch, diesem sinnlosen und destruktiven Zirkus [...] ein sprachliches Ganzes, Gereimtes entgegenzuhalten."[72]

Trotz des Aufwachsens mit der deutschen Sprache und der Verwendung in der Literatur muss bei der Heimatfrage differenziert werden. Immerhin sind es die deutschsprachigen Räume, wo sie viel Leid und Schicksalsschläge erfahren hat. Die

---

69 Klüger. Neurosen. S. 27.
70 Vgl. Ebd. S. 22.
71 Vgl. Klüger. weiter leben. S. 38.
72 Ebd. S. 127.

Abwendung von der Herkunftssprache Österreich und Deutschland relativieren das Heimatgefühl. Trotz alle dem kann die deutsche Sprache aufgrund der speziellen Verbindung als beschränkte Heimat bezeichnet werden.

4. Schlussbetrachtung

Wie in der Arbeit aufgezeigt, gibt es verschiedene Gesichtspunkte zur Untersuchung der Frage nach einer Heimat für Ruth Klüger in ihrer Autobiographie „weiter leben. Eine Jugend". Letztendlich kann von einer gänzlichen Heimat nicht die Rede sein. Die wichtigste Konstituente für ein Heimatgefühl ist der Ort des Aufwachsens. Doch weder Wien noch Deutschland heißen Klüger und ihre Familie willkommen – im Gegenteil – es sind Orte, wo Leid, Ausgrenzungen und Verfolgungen an der Tagesordnung stehen.

Auch die Familie kann Klüger keine gänzliche Heimat bieten. Immer wieder wird sie durch Verluste zurückgeworfen, woraus keine intakte Familie entstehen kann. In Theresienstadt kann Klüger positive Eindrücke in der Gemeinschaft von Gleichgesinnten sammeln, aber die gegenüberstehenden Grausamkeiten lassen kein Heimatgefühl entfachen. Auch Amerika kann Klüger keine Heimat bieten. Sie fühlt sich da zwar wohl und erlebt ein Zu-Hause-Gefühl, aber als Heimat bezeichnet sie den Ort nicht. Heidelberger-Leonard spricht über die Geschichte „von versuchter Nähe und fatalem Scheitern"[73].

In einem Interview mit der überregionalen Tageszeitung „taz" deutet Klüger das Ergebnis dieser Arbeit an, denn sie sagt: der Mensch brauche keine Heimat, sie sei kein Baum, weshalb sie keine Wurzeln brauche.[74] Um nach der Definition von Stern zu gehen, kann die deutsche Sprache für Klüger ein Stück Heimat bedeuten. Doch aufgrund der negativen Erfahrungen, die Klüger in der Herkunftssprache gemacht hat, lässt sich daraus keine ganzheitliche Heimat schließen. Wie in der Arbeit aufgezeigt, lässt sich kein ganzheitliches Gefühl von Heimat in ihrer Autobiographie finden. Es gibt einige Textstellen, die einzelne Stücke von Heimat bieten, weshalb Klüger bezüglich ihres Heimatgefühls von „Mosaiken" spricht.

---

73 Heidelberger-Leonard, Irene. Ausschwitz., Weiss und Walser. Anmerkungen zu den „Zeitschriften" in Ruth Klügers weiter leben. In: Rector, Martin und Jochen Vogt (Hrsg.): Peter Weiss Jahrbuch. Band 4. Opladen, 1995. S. 81.
74 Vgl. Die Tageszeitung taz. „Menschen brauchen keine Heimat". http://www.taz.de/!5080364/ [aufgerufen am 16.04.2019].

5. Literaturverzeichnis

Klüger, Ruth. weiter leben. Eine Jugend. 15. Auflage. München, 2005.

Adelson, Leslie. Ränderberichtigung: Ruth Klüger und Botho Strauß. In: Mayer-Iswandy (Hrsg.): Zwischen Traum und Trauma – Die Nation. Transatlantische Perspektiven zur Geschichte eines Problems. Tübingen, 1994. S.85-97.

Améry, Jean. Wieviel Heimat braucht der Mensch? In: Améry, Jean: Jenseits von Schuld und Sühne. Bewältigungsversuche eines Überwältigten. 2. Auflage. Stuttgart, 1980. S.74-101.

Bastian, Andrea. Der Heimat-Begriff. Eine begriffsgeschichtliche Untersuchung in verschiedenen Funktionsbereichen der deutschen Sprache. Tübingen, 1995.

Domin, Hilde. Gesammelte Essays. Heimat in der Sprache. München, 1992.

Greverus, Ina Maria. Der territoriale Mensch. Ein literaturanthropologischer Versuch zum Heimatphänomen. Frankfurt/Main, 1972.

Heidelberger-Leonard, Irene. Auschwitz, Weiss und Walser. Anmerkungen zu den „Zeitschaften" in Ruth Klügers weiter leben. In: Rector, Martin und Jochen Vogt (Hrsg.): Peter Weiss Jahrbuch. Band 4. Opladen, 1995. S.78-89.

Handschuh, Gerhard. Brauchtum – Zwischen Veränderung und Tradition. In: Bundeszentrale für politische Bildung (Hrsg.): Heimat. Bonn, 1990. S. 630-642.

Klüger, Ruth. Wiener Neurosen. Eine Rede. In: Krätzer, Jürgen (Hrsg.): Erfahrung Deutschland / SchreibArten & LebensGeschichten. Die Horen 201 (2001). S.21-29.

Stern, Heiko. Sprache zwischen Exil und Identität. Die Konstitution von Heimat durch Sprache bei Elisabeth Augustin. In: Pól O'Dochartaigh (Hrsg.): Jews in German Literature since 1945: German-Jewish Literature?. Amsterdam – Atlanta, GA: Rodopi 2000. S.77-93.

Witte, Bernd. Jüdische und deutsche Nicht-Identität? Zu Ruth Klügers weiter leben. In: Jäger, Ludwig (Hrsg.): Germanistik: disziplinäre Identität und kulturelle Leistung. Vorträge des deutschen Germanistentages 1994. Weinheim, 1995. S.346-351.

Der Brockhaus in fünfzehn Bänden. 2., durchges. und aktual. Auflage. Band 6. Mannheim, 2001,2002.

Tageszeitung taz. „Menschen brauchen keine Heimat". http://www.taz.de/!5080364. [aufgerufen am 16.04.2019]